먼 머~언 길

시조사랑시인선 13

이태희 시조집

# 먼 머~언 길

열린출판

■ 시인의 말

## 아담한 집 한 채

  2011년에 첫 시조집 『석양의 햇살을 받으며』를 상재한 이후 9년 만에 두 번째로 시조집 한 채를 준공하였다. 그동안 습작해온 작품들과 가끔 여러 문학회의 원고 청탁으로 기고하여 발표한 작품들을 한데 묶어 서까래를 얹어 보았다. 나름대로 최선을 다하여 지은 시조집이 초라한 초가집인지, 양반들의 중후한 집인지, 아니면 웅장한 대궐 같은 건물인지, 그 판단은 독자들에게 돌릴 수밖에 없다. 대부분 사람들은 무엇인가 알면서도 모른다. 사람들은 결국 자기 홀로 세상을 살아간다는 엄연한 사실을 새롭게 확인한다. 독자들이 곁에 두고 항상 아껴 읽고 싶은 구절로 가득한 시들은 우리들의 마음을 다정한 목소리로 고스란히 풀어헤쳐 곁에 오래도록 머물게 되었으면 한다. 저자는 2019년 영광스럽게 한국시조협회의 작품상을 수상한 바 있다. 금년 초 내자를 저세상으로 떠나보낸 후 6년 동안 이끌어 왔던 경주이씨 종친문학회인 표암 문학회장을 후임자에게 넘겨주고 『석양의 햇살을 받으며』를 상재한 후 2011년 하반기부터 가끔 써온 시편들을 다듬어서 생을 마무리해 가는 망구노녀의 시점에 두 번째로 『먼 머~언 길』을 상재하게 되어 매우 기쁘다. 얼마 남지 않은 인생의 기념 저서로 주변 선후배의 도움을 받아 부끄러움을 무릅쓰고 세상에 얼굴 한번 내밀어 보았다. 그동안 뒷바라지에 고생이 많았던 사랑스러운 가족들과 모든 이들, 그리고 앞서 저세상에 간 사랑했던 아내에게 이 시조집을 바친다.

2020년 10월 15일

이 태 희

■ 차례

시인의 말 - 아담한 집 한 채

## 제1부 세월이 가는 소리

굴뚝새__15
옷장__16
귀__17
말(言)__18
인공강우__19
미세먼지__20
세월이 가는 소리__21
세월아 쉬어가라__22
한세상__23
어찌 하오리__24
독거노인__25
상처__26
실망__27
지하철__28
연인__29
사진첩__30
단풍잎__31
단풍__32

## 제2부 고란초에게

풀잎__35
꽃병__36
화분__37
연꽃__38
유혹·1__40
유혹·2__41
홍시__42
고란초에게__43
그것들__44
부러움__45
벽시계__46
낚시추억__47
화전이 먹고파서__48
외기러기__49
가네. 가네.__50
장애인의 눈물__51

## 제3부 봄의 소식

강풍__55
봄바람__56
새봄__57
봄봄봄__58
봄의 소식__59
화무십일홍 __60
한 이불__61
노파들의 자존심__62
면도날__63
찜질팩__64
옥동자__65
마포나루__66
가버린 세월__67
갈비탕__68
해맞이__69
강정마을__70
생애(生涯)__71
효심__72

### 제4부 사바의 짝사랑

사바의 짝사랑 - 청각사 __75
사바의 짝사랑 - 성불 __76
사바의 짝사랑 - 인연 __77
사바의 짝사랑 - 감동 __78
사바의 짝사랑 - 인내 __79
사바의 짝사랑 - 미궁 __80
사바의 짝사랑 - 연심 __81
사바의 짝사랑 - 자애 __82
사바의 짝사랑 - 설법 __83
사바의 짝사랑 - 방황 __84
사바의 짝사랑 - 참회 __85
사바의 짝사랑 - 불연 __86
사바의 짝사랑 - 열애 __87
사바의 짝사랑 - 열반 __88
사바의 짝사랑 - 풍문 __89
사바의 짝사랑 - 환몽 __90
사바의 짝사랑 - 영생 __91
사바의 짝사랑 - 계대혼인 __92

### 제5부 벗님네들

친구여__95
가지 마오. 친구야__96
금신회(金信會)__97
동조회__98
벗님네들__99
남정 친구야__100
혼인 기념일__101
그리워라 어머니__102
님을 그리며__103
조시(弔詩)__104
송구영신__105
법대 동창회__106
장창조 소령 영전에 __107
백세 축하__108
충열사__109
익재공 할아버지·1__110
익재공 할아버지·2__111
도안무사공 향사__112

## 제6부 먼 머~언 길

부부애__115
내 님__116
사랑해요__117
꿈이여__118
님이 그리워__119
차남__120
아! 민호야!·1__121
아! 민호야!·2__122
생일축하__123
먼 머~언 길__124
너의 꿈__125
흘리게 한 눈물__126
위대한 어머니__127
어머니의 찬미__128
관촉사 문학기행__129
지난 세월의 감회__130
차량 사고__131
엄홍길 산악인__132

평설: 애련한 감성에 심미적 인고정신의 완숙__133

## 제1부 세월이 가는 소리

물소리 바람 소리 앙가슴에 숨은 소리
인생의 발자국에 스며드는 한숨 소리
지난날 고통의 소리 아픈 소리 아니란다.

## 굴뚝새

굴뚝새 날개 접어 나무 끝에 폴짝 앉아
부리에 물은 먹이 요리조리 다잡으며
꽉 물린
검은 나비가
속수무책 도리 없네.

자연 속 약육강식 어디서나 예외일까.
인간사 여기저기 쉬지 않고 윤회하는
순박한
날짐승처럼
저 살려고 버둥대네.

## 옷장

내 친구 내 방 옷장 말끔하게 정돈되어
문 열면 갖가지 옷 취향 따라 골라 입고
양복도 와이셔츠도 가지런히 걸려있다.

빽빽이 걸어놓은 수십 개의 넥타이가
오늘은 나 부를까 너도나도 손 내밀고
수수한 손때 묻은 놈 자주 매는 요놈이다.

철철이 양복들이 줄을 서서 기다리고
체격에 바지 허리 줄였다가 늘렸다가
옷 수선 아저씨 솜씨 고마움을 신세 진다.

# 귀

언제나 열어놓은 귀를 만든 하느님께
속삭이는 사랑 노래 들을수록 고마운데
헛소리
귀를 맴돈 말
청각장애 난처하다.

목소리 높이어서 들어보려 하지만은
귀 어둔 자 듣는 사람 힘들이고 있음에도
욕설로
가슴에 박아
머저리로 취급한다.

## 말(言)

달변가 입속에서 흘러나온 쓰레기 말
어디에 버릴까요 아무 데나 흘릴까요
그 말을 도로 삼키게 목구멍을 키울까요.

후덕한 남아일언 중천금이 깃털 같아
가볍고 공해 같은 독한냄새 뒤섞이어
조용한 귀 언저리가 더러워서 따갑네요.

언제나 열 수 있는 찢어진 입술에서
차라리 농담으로 크고 길게 웃고 보는
우리네 희로애락을 풀어주면 좋겠네요.

## 인공강우

하늘의 미세먼지 서풍으로 밀려오니
거대한 동풍으로 돌려보려 애써 봐도
하늘을 뒤덮어오니 속수무책 대안 없다.

하늘도 높은 산도 온 세상이 회색 먼지
코앞의 가시거리 서행운전 조심조심
과속은 연쇄 추돌을 피하기가 어렵겠다.

원폭은 수십 마일 미세먼지 수백 마일
이보다 무서운 게 세상에 또 있을까
쉽고도 어려운 환경 우리 모두 지킬 거다.

한중의 인공강우 실현될까 효과 있나
어명이 청천벽력 위기일 때 발휘하여
만백성 새까만 허파 말끔하게 소지(燒紙)한다.

## 미세먼지

오늘도 드라이브 이곳저곳 동분서주
내 눈에 아지랑이 앞을 가린 미세먼지
온 세상
뒤덮인 먼지
무엇으로 닦아낼까.

서쪽에 부는 바람 미세먼지 실어오니
중국이 원인이다. 무슨 증거 대보라며
대국의
갖은 횡포가
미세먼지 털어 낸다.

## 세월이 가는 소리

물 따라 바람 따라 세월 가는 급한 소리
이 땅에 살면서도 온갖 상념 떠올라서
고희를 지난 오늘이 유난하게 잘도 간다.

유수도 함께하며 일흔 고개 넘고 넘어
삼천리 금수강산 반 토막만 안 됐어도
동방에 솟아오르는 수평선 위 태양이다.

물소리 바람 소리 앙가슴에 숨은 소리
인생의 발자국에 스며드는 한숨 소리
지난날 고통의 소리 아픈 소리 아니란다.

## 세월아 쉬어가라

아무리 아껴 봐도 좋아질 리 있으랴만
한평생 지킨 보배 시들지나 말아야지
그래도
붙들고 보니
내 마음이 허전하다.

그 누가 가는 세월 쉬어가게 하랴마는
가슴에 꽉 차는 분 그리 찾기 쉽지 않아
간절히
붙잡아야 할
그런 사람 찾고 싶다.

## 한세상

그 옛날 젊은 시절 하늘처럼 높은 님들
세월이 바삐 돌아 위태위태 어린애라
시간이 참 무서운 것 변했는가 사람 마음.

세상에 겁이 없는 덤터기로 사는 인생
어디나 어떻게나 겁심 없는 여생인가
머잖아 갈 곳은 한길 시름없이 가는 것을.

형 동생 불러가며 절친하던 친구들이
어느 날 하나둘씩 가버렸나 볼 수 없고
한동안 소식 뜸하다, 기별 없는 구천 길을.

## 어찌 하오리

임이여! 불편한 곳 어딘지 궁금하오
내 손이 약손이면 하루같이 쾌유시켜
활개 친 갈매기처럼 그 모습을 보고 싶소.

임이여! 거동불편 거리내왕 모시리라
월미도 풍광 따라 명품시조 읊조리며
가볍게 치장을 하고 나들이를 하고 싶소.

그 누가 반겨주나 남녀 자손 멀리 있어
외로운 고독 속에 온갖 상념 그리움이
독노인 하소연하며 내가 나를 위안하오.

## 독거노인

창밖의 짙은 녹음 한더위에 기세등등
입추에 기가 죽어 옷 색깔이 변하는 듯
혹한의
하늬바람에
앙상해진 몰골이다

인생은 유한한데 떠나보낸 독거노인
초목은 봄이 오면 죽은 듯이 되살아나
노부부
홀로 떠나면
봄꽃 펴도 볼 수 없다.

## 상처

세상에서 받은 상처 아물기가 쉽지 않고
온갖 상처 가운데도 아랫사람 자식 상처
그 상처 죽을 때까지 잊혀지지 않는다니.

세 치 혀에 폭탄 설도(舌刀) 깊은 상흔 쌓인 심지(心地)
닦아보고 동여매도 치유하기 불가하고
옛 선인 훈계 말씀이 두고두고 가슴 치니.

설 비수(舌匕首) 그 위력은 가슴 찢어 원한 불러
백골난망 빌고 빌어 후회 쏟아 읍소(泣訴)하나
통한은 구중심처에 각인되어 영원하니.

## 실망

오해는 금물이다. 너도나도 바로 알자.
헛소리 퍼트리는 그 못된 자 경계해야
그리운
임의 소리는
대화로써 풀어야지.

그 누구 잡소리로 실망해선 아니 되지
올바른 이해만이 만사 해결 명언이다.
만나서
풀어헤쳐야
오해 없게 사는 거지.

## 지하철

사십 년 전 출발했던 땅속 차 기특해서
전 세계 일등발전 대한민국 우뚝 서서
타보면
정말 놀라워
온 시민 행복하네.

지하철은 전동차며 역마다 현대시설
갈수록 새로워져 전 세계 부러움 사
전 시민
더욱 단합해
대한민국 행복하네.

# 연인

꿈이여! 보여주오. 연인이 누구신지
한평생 연인 한 분 없이도 살았는데
뒤늦게
굴러온 사랑
즐거움에 밤을 샌다.

손 한번 잡지 않고 꿈에 본 그 여인이
마주친 밝은 얼굴 뜨겁게 마음 적셔
달려가
놓치지 않고
어깨 잡아 안아본다.

## 사진첩

서재 안 다이어리 깊이 잠잔 육십 년간
아련한 옛 사연들 가슴 속에 동면하나
고교 때 사랑 이야기 어렴풋이 담고 있네.

* 영주동 고갯마루 아담했던 보금자리
아들딸 올망졸망 치마폭에 쌓은 누님
눈망울 반짝 조아린 어린 조카 안고 있네.

*용호동 푸른 파도 부서지는 오륙도에
갈매기 한가롭게 춤을 추며 날고 있어
그네들 손자 손녀도 파도 함께 비상하네.

* 영주동: 부산 중구 소재.
* 용호동: 부산 남구 소재.

# 단풍잎

만산은 빨갛게 단풍잎이 불타더니
찬 이슬 모진 바람 한잎 두잎 낙엽으로
헐벗은 나목이 되어 슬피 울 듯 황량하네.

북풍이 몰아치면 흩날리던 단풍잎들
한여름 무성할 때 산새 함께 춤을 추고
지난날 추억 그리며 깊은 잠에 빠져드네.

봄이면 새싹들이 파릇파릇 돋아날 제
뒹굴던 단풍낙엽 자신에게 찾아올 줄
꿈엔들 생각 못 하고 침묵으로 미소 짓네.

# 단풍

오색의 곱디고운 선녀가 단장하고
대청봉 꽃봉오리 골짝마다 화사하여
코앞에
계곡의 단풍
하루 달리 색칠한다.

설악산 단풍 꽃밭 그 누가 꾸몄으며
이 세상 그에 비길 조경사가 어디 있나
자연은
거대한 솜씨
억겁 가도 못 견준다.

## 제2부 고란초에게

한숨을 받아 안고 이슬로 공 굴리며
흘리는 눈망울 고였다가 흘러내는
강물에 구름을 띄워 하품하며 피었더냐.

## 풀잎

한 포기 풀잎 위에 땡그릉 맺힌 이슬
햇빛에 반짝이는 은구슬이 대롱대롱
찬란한
이슬방울이
떨어질까 조아린다.

한평생 지난 세월 은구슬 이슬이듯
언제나 떨어질라 다독이며 바라보며
이제는
남은 여생을
풀잎처럼 살아간다.

## 꽃병

머나먼 하와이에 우뚝 솟은 야자수가
십 년 전 꽃병 모습 책상 위에 말이 없고
태평양 동쪽 하늘에 갈매기가 울고 있네.

조상들 미국 이민 하와이에 정착하여
노역의 사탕수수 피와 땀을 쏟으면서
동포들 눈물 깨물고 조선독립 가꾸었네.

미국의 마지막 주 쉰한 번째 주립정부
관광의 청정낙원 밤낮으로 붐비는데
진주만 일본의 폭격 그날 흔적 보여주네.

# 화분

거실의 창가에는 화분들이 십여 그루
당신이 가꾼 정성 싱싱하게 꽃이 피어
삭막한
집안 분위기
화사함이 한결같네.

진초록 화분들이 햇살 받아 자고 있어
바람은 어디론지 불지 않고 사라져서
잔잔한
내 마음속에
아쉬움만 남긴다네.

## 연꽃


여인은 아름다운 만물의 귀태(貴態)로다
고통의 늪에서도 싹틔우는 연꽃이여
농익은 여인의 몸매
우아함의 극치이다

유혹을 물리치며 어려움 가운데도
연화심(蓮華心) 피어오른 진흙탕 속 꽃 중의 왕
물방울 흘러내려도
흔적조차 볼 수 없다.

꽃이 피면
들판에 꽃이 피면 길손이 향기 만끽
집안에 만발하면 온 가족이 흠뻑 기뻐
세상사
새옹지마에
너도나도 평화롭네.

그 옛날 농업 중학 그리웠던 화훼스승
신나는 어린 학생 눈망울이 초롱초롱

꽃 화분
매일 번갈아
사장실로 불리었네.

## 유혹 · 1

유혹은 충동이다. 암수의 장난이다
누가 먼저 풍기느냐 그것이 노림수다
아마도 질질 흘린 건 수컷인가 하노라.

향내며 의상이며 눈꼬리 흘린 몸매
무엇을 노리는가 주야장천 변신이니
언제나 꼬리 치는 건 암컷인가 하노라.

갈 듯이 다가설 듯 한들한들 허리 돌려
품어내는 독한향기 수컷들을 유혹하니
암컷이 유혹을 홀려 바보인가 하노라.

## 유혹 · 2

수컷이 유혹하려 고성 질러 세우지만
꼬임에 백치같이 빠져드는 수컷들은
구멍이
하나 더 있는
힘센 암컷 노림수다.

가슴속 품은 비수 알기라도 할까 몰라
때때로 아기 같은 순진하던 수컷들이
멋 내며
거들먹거린
물러빠진 빈 수레다.

## 홍시

외롭게 홀로 달린 하나 남은 빨간 연시
찬바람 불어와도 언제까지 버티려나.
아마도
임을 못 잊어
떨어지기 아쉽다네.

할머니 다락방에 숨겨놓은 홍시 하나
없어진 붉은 연시 가리늦게 찾아보다
없어진
손주 소행에
흐뭇하게 미소 짓네.

## 고란초에게

한숨을 받아 안고 이슬로 공 굴리며
흘리는 눈물 망울 고였다가 흘러내는
강물에 구름을 띄워 하품하며 피었더냐.

긴 세월 주름잡아 물 위에 별이 뜨면
절벽의 침묵 속에 임의 얼굴 새겨놓고
재가 된 하얀 가슴에 오그라든 정이더냐.

띠 두른 하늘 저편 시름을 흩뿌리며
흔들린 가슴 한쪽 허기져서 앓아눕고
투기로 사랑을 채워 뼈대 세운 삶이더냐.

## 그것들

누웠다 일어났다 그것들이 무엇인가
세상은 그것 없이 완전하게 죽은 세상
이승에 죽었다가도 사는 것이 그것뿐.

그것이 살았어도 그것 없이 살 수 없고
그것은 있어야만 그것 행세 할 수 있지
세상에 그것들만이 세상 창조 만들 뿐.

그것아 죽지 마라 그것 없이 무슨 소용
억겁을 이어갈 힘 그것만이 유아독존
인류는 영원한 존재 아름다운 그것뿐.

## 부러움

무엇이 부러울까 이렇게도 잘사는데
옛날에 어머니들 밭농사며 길쌈으로
하루도 허리 못 펴고 그 얼마나 고생했나.

반찬도 밥상머리 이것저것 무엇이든
이제는 골라 먹고 남아돌아 버리기에
어머님 고생한 생각 눈시울이 적셔오네.

젊은이 보릿고개 상상하기 어렵겠지
외제 차 씽씽 달려 그 무엇이 부러울까
그래도 일하기 싫은 힘든 직장 외면하네.

## 벽시계

초침은 일초 이초 쉬지 않고 달리는데
분침은 능글맞게 슬그머니 기어가고
한 시간
흘러가는데
십리 길도 힘 안 드네.

벽시계 쳐다보며 무엇 하고 있느냐고
한정된 시간인데 재미있게 살지 않고
꾸짖어
독촉을 하며
생각까지 바꾸라네.

## 낚시추억

문갑도 낚시 추억 엊그젠 듯 아련한데
소리치며 즐기던 때 다시 오기 어려우리
도다리 하얀 뱃바닥 치켜세운 이 서방.

흰 파도 헤쳐 가며 서해 바다 깊은 물 속
줄낚시를 풀어놓고 우럭형제 정다운데
힘들여 끌어당기던 그때 손맛 못 잊어.

인생은 구름처럼 뭉게뭉게 피었다가
광풍 벽력 시달리다 그 언제쯤 사라질지
무상한 인생 필멸에 아쉬움이 눈앞에.

## 화전이 먹고파서

진달래 찹쌀 화전 군침 도는 송정님아
임께서 마음 담아 정성스레 빚은 화전
단박에 구름 타고 가 마주 보며 맛볼거나.

가든 미 향기 높이 아름답게 빚은 모습
화전은 보기 좋고 맛도 좋아 다신 입맛
임이여! 진달래 화전 미사일에 먹을거나.

빛 좋은 화전 속에 떠오르는 정든 얼굴
달려가 다정하게 주고받고 얘기꽃 핀
따뜻한 사랑 이야기 풀어 보고 싶을거나.

## 외기러기

기러기 마주한 지 그 세월이 아득한데
창공의 넓은 영역 하늘길을 열어놓고
이제는
제 갈 길 찾아
정처 없이 가버리네.

혼자서 날지 마라 외톨이로 걸린 깃털
허공을 가로질러 갈증 푸는 외로움에
서럽게
눈물 쏟으며
하염없이 비행하네.

## 가네. 가네.

어딘가 나는 가네 정처 없이 나는 가네
앞만 보고 자꾸 가네 쉬지 않고 자꾸 가네
앞길이 보이지 않네 끝 모르고 나는 가네.

날마다 나는 가네 어디론가 나는 가네
번개같이 나는 가네 앞을 향해 팔십 킬로
뒤로는 돌아 안보고 앞만 보며 달려가네.

목숨이 몇 개인가 나는 다시 가기만 해
한 번뿐인 인생인데 의미 있게 가얄 텐데
덩달아 뒤 따라 오는 아우님들 앞서가네.

## 장애인의 눈물

하늘이 주신 장애
기꺼이 받아야지

또 다른 장애자가
안되도록 둑을 쌓자

장애자 흐르는 눈물
또 닦고 닦아본다.

장애는 자신 책임
누구에게 전가하나

사방에 눈을 닦고
흘깃흘깃 살펴야지

장애자 쓰린 고통이
포말로 부서진다.

난청의 서러움

부모가 주신 청각 그 누가 걷어 갔나
오늘도 이명 삼색 귓전을 두들기고
들어도 말 못 듣는 귀 그 이름은 청각장애.

말소리 안 들리어 시각에 문자 판독
경쾌한 음악선율 듣기 힘든 무덤덤이
보청기 확성기 구실 불가능한 대화소통.

서러운 난청환자 여생을 짊어지고
연금에 복지제도 디비(DB)로만 단순판단
사고로 청신경 파괴 오랜 고통 난청이명.

아프다 청각장애 그 누가 고통 알까
고희에 당한 사고 용기 내어 할 일 해도
마지막 노후생활에 안고 가는 이 괴로움.

## 제3부 봄의 소식

차가운 바위틈에 아지랑이 끼어들면
돌무덤 이끼 속에 벌레들이 찾아들고
흰 솜털
버들강아지
단물 빨아 틔운 싹.

## 강풍

주변을 둘러봐도 온 세상은 간곳없고
눈뜨고 살펴봐도 볼 수 없는 이전 모습
강풍은 망나니 칼춤 나무뿌리 힘이 겹다.

폭우를 등에 업고 뽑아 넘긴 가로수며
마을을 삼켜버린 미동부의 토네이도
태풍에 닻을 내린 배 대서양은 언제 넘나.

강풍은 순풍되어 솜털처럼 부드러운
덥지도 안 매섭게 언제까지 시원하게
인간에 따뜻한 기운 어우러져 머물러라.

# 봄바람

이른 봄 밥상 위에 쑥국하며 냉이 달래
입맛을 돋우기에 텃밭작물 안성맞춤
봄바람 치맛자락도 펄럭이는 처녀치마.

아른댄 아지랑이 온 산야에 스멀거려
잡초가 솟아올라 연한 잎새 안쓰럽고
봄바람 살랑거리며 들썩거린 처녀 마음.

참새들 재잘거린 동구박의 앞산 너머
구름도 무리 지어 떼를 지어 노래하고
봄바람 어루만지며 물이 오른 산천초목.

# 새봄

우수에 흠뻑 적셔 숨어있던 새싹들이
앞다퉈 치솟으니 봄은 정녕 찾아들고
깨어난 개구리들도 기지개를 켜고 있다.

밤사이 소리 없이 들과 산에 뿌린 봄비
시집온 새아씨의 발걸음도 분주하고
봄나물 풀 향기 채소 부모 밥상 푸짐하다.

그리운 어머님의 그 옛날에 정든 미소
꿈엔들 찾으실까 불효자식 애탄 심사
매콤한 *정구지 나물 엄니 손맛 군침 돈다.


* 정구지: 부추의 경상도 사투리.

## 봄봄봄

관악산 기슭에서 웅크리던 봄빛 한 줌
마을로 슬금슬금 내려오는 조춘중간
찬바람 모진 추위도 힘이 없이 물러간다.

따스한 봄기운이 골짝마다 내려와서
잔설도 햇빛 받아 땅속으로 녹아들며
한겨울 백옥 같은 눈 낌새 없이 녹고 있다.

바람도 깊은 잠에 한 점 구름 사라지고
화창한 이른 봄날 내리쬐는 봄빛인데
촌로는 어깻죽지를 늘어지게 펴고 있다.

## 봄의 소식

볼 수도 만질 수도 무게마저 없는 것이
힘자랑할 때 보면 간 지름을 태운 기술
봄 처녀
치맛자락을
걷어 올린 심술 꾼.

차가운 바위틈에 아지랑이 끼어들면
돌무덤 이끼 속에 벌레들이 찾아들고
흰 솜털
버들강아지
단물 빨아 틔운 싹.

## 화무십일홍

예기치 않은 날에 그대여 어디 가오.
지나간 아쉬움을 하늘에서 찾아보니
인간사
화무십일홍
만발할 때 볼 겁니다.

그대를 쥐었다가 또다시 놓았다가
지금이 소중한데 모르는 척 떠나셔도
깊었던
그렁한 속정
보람으로 줄 겁니다.

## 한 이불

수숫대 움막집도 집에 들면 옥루(玉樓)왕궁
화려한 궁궐보다 정이 듬뿍 배어있어
언제나
드나들어도
포근하고 따뜻하다.

해맑게 미소 짓고 형제 우애 기리면서
형 아우 누나 동생 그 언제나 다정다감
따뜻한
한 이불 속에
옹기종기 잠이 든다.

## 노파들의 자존심

한사코 잠만 자는 할아버지 자존심에
유심히 쳐다보는 건넛마을 할머님도
흘러간 달콤한 추억 되씹어서 보고 있네.

불러도 건드려도 꿈적 않는 목석인가
세월이 가고 또 가 그 옛날이 아득하고
그리워 몸부림친들 못들은 체 답이 없네.

인생은 아주 짧아 아름답던 한때 사랑
석양을 물끄러미 바라보며 훔친 눈물
그 누가 닦아 주려나 외로움이 홀로 서네.

## 면도날

숭숭숭 구레나룻 볼과 턱에 매일 자라
구릿빛 남성미를 은근히도 뽐내지만
면도날 스쳐 지나면 보기 좋게 말끔하다.

예리한 면도날로 아침마다 턱을 미는
남성미 텁수룩해 이끌리는 여자 마음
여성도 턱수염 길러 남자 되고 싶었겠다.

여자의 고운 얼굴 송골송골 솜털 솟아
한평생 화장하며 죽은 기미 지우려고
날마다 대면 거울에 제 멋 부린 버릇이다.

## 찜질팩

밤바람 차고 넘친 첫새벽의 지친 몸을
먼동이 트기 전에 찜질팩을 끌어안고
전립선
불편한 고통
덜어보려 애를 쓴다.

요병에 고통 안고 종합병원 들락거린
그 속에 할머니도 띄엄띄엄 보이는데
시원한
배뇨처리를
찜질팩에 의지한다.

# 옥동자

십여 년 문단 생활 금과옥조 옥동자로
수필집 다섯 권과 시조집도 출산하여
고단한 피와 살점이 뜯겨가도 모르겠다.

긴 숨결 같은 호흡 내 독자는 육천여 명
내 가슴 활활 태울 옥동자들 튼실하고
세상에 남기고 가는 금쪽같은 자식이다.

허물도 털어놓고 세상 모습 탄식하며
십여 년 문단 생활 중견 문인 대열에 낀
아직도 갈고 닦아서 금빛 캐는 두뇌다.

## 마포나루

그 옛날 마포나루 황포돛배 둥실둥실
김장철 새우젓갈 바쁘게도 퍼 나르고
짭짤한 새우젓 냄새 맛깔스레 군침 돈다.

마포의 도로변에 젓갈 통이 즐비하고
풍기던 반세기 전 그 맛 오늘 그리운데
이제는 흘러간 추억 빌딩 숲에 가리었다.

동대문 전차 타고 마포종점 거닐던 날
새우젓 짙은 냄새 혀끝에서 맴돌 때면
허기진 주린 배 안고 뒷골목을 헤매었다.

## 가버린 세월

얼굴에 주름 무늬 세월이 새겨놓고
흐린 눈 둔한 소리 고희 희수 보낸 세월
덧없는
짧고 긴 인생
찰나처럼 지나쳤다.

초롱의 눈망울에 광채가 번득이던
토실한 고운 살결 볼 때마다 귀여워서
지금은
탈 없는 식솔
그것만이 바람이다.

## 갈비탕

갈비도 나름이지 소갈비 돼지갈비
왕갈비 한우갈비 신토불이 갈비탕이
중국에
요리 엑스포
갈비탕이 그랑프리.

춘천의 갈비 원조 그 옛날 닭갈비는
드럼통 연탄불판 생닭 척척 잘라 구워
맛소금
살살 뿌려서
지글지글 참맛 진 맛.

# 해맞이

솟구친 계사 신년 새 아침이 밝았도다.
서귀포 수평선에 짙은 구름 헤치고서
외돌개 해맞이 기원 수백 명의 환호여라.

찬바람 아침 바람 서귀포를 스쳐지나
육지의 청춘남녀 행복 기려 모였는데
계사년 한반도 강산 평화안정 기원이라.

한라산 영산 봉에 하얀 눈을 머리이고
서귀포 파도 위에 새해 광채 일렁이는
잔잔히 이는 파도에 희망노래 영원하리.

## 강정마을

서귀포라 강정마을 해군기지 바쁜 준설
기우의 환경단체 오늘에도 삼보 일 배
한반도
영원한 평화
기지 세운 국토방위.

해군기지 건설되면 군항 도시 발전하고
서민경제 일터창출 국제도시 서귀포로
대한에
아들딸들이
누려보는 평화 행복.

## 생애 生涯

한평생 시련 헤쳐 앞만 보고 달렸지만
힘 부쳐 흐린 혜안 터널 속을 허덕이고
아무리
갈고 닦아도
빛이 나지 않는구나.

*금 바다 *술 마을에 78년 전 세상 보며
수많은 은인 덕에 이날까지 행복하여
끝까지
눈을 감는 날
감사하며 떠나야지.

* 금 바다: 경남 김해 저자의 고향
* 술 마을: 주촌(酒村) 저자의 고향

# 효심

바리바리 금은보화 수레 가득 진상보다
지극정성 부모효심 비할 수가 있을쏜가
쌓인 한
사상누각(沙上樓閣)이
하루아침 무너지리.

다독여서 쌓은 효심 부모 마음 안식처로
시래깃국 토장찌개 진수성찬 비할 손가
아마도
동서고금에
효심 제일 장구하리.

## 제4부 사바의 짝사랑

호젓한 적막 산사 타 내리는 촛불 아래
삼천 배 방장스님 찬불기도 잿밥이라
대훈해 깊은 연민이 끄름으로 덧쌓인다.

## 사바의 짝사랑 - 청각사



방장스님 법문설파 구름처럼 모인 불자
곁눈질 보살들을 둘러보는 틈새에서
시선이 멈추는 곳에 대훈해와 눈빛 섰다.

눈빛인들 따스하니 온몸에 파고들어
날마다 찾아가는 대훈해의 발걸음은
어느 날 방장스님과 마주 앉아 대화한다.

금강경의 의문점을 깊이 묻는 대운해가
핵심을 안겨주는 방장스님 혜안으로
대훈해 꿰뚫는 총명 방장스님 감탄한다.

## 사바의 짝사랑 - 성불

대훈해 봉축으로 부처님의 불도자비
염속(染俗)의 물음에도 어긋남이 없는 대답
청음의
옴 마니 반 메움
깜짝 놀란 방장스님.

대훈해 곧은 혜안 끄덕이는 방장스님
한 치도 틈이 없는 대훈해의 곧은 예절
올 곧음(行誼에)
빛을 따라서
고쳐 앉은 성불제자.

## 사바의 짝사랑 - 인연

삼복더위 승복 깃이 땀 젖어 끈적이면
대훈해 정성 모아 가슬가슬 빨래손질
눈시울 실룩이면서 감복(感服)하는 방장스님.

방장스님 선미(禪味)챙겨 공양에 정성 담고
그래도 꿰뚫어 본 산채찬도 탕제처럼
한여름 지친 승방에 들려오는 견성(見性)찬불.

정 쏟아 올린 식혜 방장스님 혀끝미각
더울때 차게 담아 상차림을 대령하고
대훈해 질긴 연정이 가족 같은 불심봉양.

## 사바의 짝사랑 - 감동

해마다 다가오는 방장스님 생신 일을
대훈해 지성발길 잊지 않고 찾아뵈어
따뜻한 털실 목도리 손수 짜서 건넨 선물.

겹겹이 쌓인 연모 대훈해의 깊은 갈등
스님의 눈빛으로 풍겨내는 짝사랑도
서로가 잊지 못해서 바위 같은 굳은 표정.

언제나 흘겨보며 족적까지 짚고 있는
대훈해 일편단심 불도재율 덫에 걸려
눈가의 범상한 눈길 감동하는 방장스님.

## 사바의 짝사랑 -인내

청각사 풍경 소리 방장스님 번뇌 쌓여
산새도 잠 못 이룬 대훈해를 뜰에 품고
깊은 밤 산 그림자에 바람처럼 졸고 있다.

호젓한 적막산사 타 내리는 촛불 아래
삼천 배 방장스님 찬불기도 잿밥이라
대훈해 깊은 연민이 끄름으로 덧쌓인다.

산바람 실려 가는 풍경 소리 은은하고
대훈해 능갈침에 방장스님 가슴앓이
밤마다 가부좌 틀고 독경으로 버텨본다.

## 사바의 짝사랑 - 미궁

한적한 청각사지 천상의 불지에서
일심의 중생제도 방장스님 불경 고행
발아래 대웅전 앞에 바람 스친 풍경 소리.

세속의 고해 속에 사랑도 죄가 되어
출가한 평생 수행 방장스님 올랐으나
사바의 못 맺은 사랑 쓰러지는 연꽃 한 잎.

낮이면 밀려드는 중생들 소승기도
깊은 밤 사바세계 대훈해가 사룬 연정
도량이 넘친 기운에 치받히는 불당제전.

## 사바의 짝사랑 - 연심

대훈해 일편단심 잊지 못한 방장스님
그리는 불변연정 불국까지 이어져서
닳아서 깎인 세월에 거품처럼 삭아드네

사바의 짝사랑이 태산같이 준험해도
정토에 꽃씨 심은 대훈해가 마주 서니
느긋한 방장 스님은 바랑 속에 정분 담네

마음에 칼을 갈고 악문 인고 닦은 청정
불변의 방장스님 사바세계 짝사랑을
청각사 산새 소리를 담아 실어 보내 보네.

## 사바의 짝사랑 - 자애

삼경이 지났어도 은하는 졸고 있어
대훈해 일편단심 부처 품에 숨겼을까
새벽을 찢어발기듯 뒤채는 방장스님.

연심이 너무 깊어 치유가 불능인지
죽비의 고된 수행 아직까지 미흡한가
마음 둔 대훈해 보살 도로아미 타불이여!

암자의 뒤뜰에서 대훈해를 훔치다가
삭일에 만난 눈빛 고개 떨군 방장스님
알알이 여무는 속맘 뉘에게 귀띔하리.

## 사바의 짝사랑 - 설법

정한의 기쁨으로 나한상 승화시켜
대훈해 수계연비 다 지켜본 방장스님
오늘도 자단에 앉아 법보계율 다스린다.

정토에 자리 잡고 다잡는 방장스님
대훈해 마음 알아 마주치니 느낌 있어
이따금 천천히 오라 꿈속에서 속삭인다.

끝없는 자비 속에 중생을 품은 부처
바라문 승려복이 설법 속에 바래어서
사바의 짝사랑으로 한을 삼킨 스님이다.

## 사바의 짝사랑 - 방황

사바에 홀로 남은 대훈해 깊은 고뇌
방장스님 선종으로 잠 못 이룬 수많은 밤
꿈길에
두 손 모으고
불국정토 헤맨다.

이승의 못 푼 정에 방장스님 앓던 가슴
속마음 활짝 열어 범종으로 걸어놓고
첫사랑
애절함 꿰어
한을 품고 울린다.

## 사바의 짝사랑 - 참회

안으로 진한사랑 겉으로 아닌 듯이
대훈해 시침질을 방장스님 짐짓 알고
선행이
민망스러워
때를 놓쳐 참회한다.

정토에 홀로 누워 대훈해 연모하다
방장스님 타는 속을 꿰뚫어 본 석가여래
타불의
환생 길에서
합장으로 귀의한다.

### 사바의 짝사랑 - 불연

대훈해 길잡이로 방장스님 기다려도
못 채운 성불 있어 염주 굴려 오탁 씻고
느긋한
사바세계에
때 이름의 왕생이다.

불국에 가부좌 튼 방장스님 그리워서
청각사 불단 앞에 성불하는 대훈해도
사바에
못 이룬 사랑
육방제불 풀고 있다.

## 사바의 짝사랑 - 열애

생시에 그리던 님 꿈속에서 사랑하여
대훈해 손목 잡고 방장스님 시시대며
눈 맞춰
튀기는 불꽃
뜨겁기도 하였었네.

꿈속의 진한사랑 생시보다 흥건하여
불타는 가슴앓이 시원스레 식혀보는
대훈해
깊은사랑에
방장스님 울먹이네.

## 사바의 짝사랑 - 열반

사랑에 덫이 나면 백약이 불치던가.
수 세월 쌓인 뜻을 바람으로 기둥 세워
기골(奇骨)에 방장스님도 시름시름 열반 드네.

간절히 쏟은 연정 거둘 날 언제일까
스님의 입적 앞에 태어 사른 슬픔으로
대훈해 눈시울 적신 그날 밤의 어둠이네.

열반 든 방장스님 이승의 마지막 길
대훈해 땅을 치며 다비식에 흘린 눈물
청각사 뒤돌아보니 망부석만 홀로 섰네.

## 사바의 짝사랑 - 풍문

그리다 삭아지는 갈비의 붉은 색깔
만나면 쌓여가는 삭정 같은 묶은 정이
서로가 마주친 눈매 눈만 껌벅 했더이다.

속세에 감긴 사슬 풀지 못한 가슴앓이
탑 돌아 찬불하며 사바에서 해후하다
열반한 불국정토에 생불처럼 서더이다.

청각사 방장스님 무치의 짝사랑에
대훈해 보살님을 어깨너머 흠모하다
손 한번 잡지 못하고 열반했다 하더이다.

## 사바의 짝사랑 - 환몽

청각사 구름 아래 하염없이 숨을 몰아
열반 후 오른 발길 대훈해의 흐린 눈빛
꿈속에
방장스님이
연꽃 피듯 미소 짓네.

사랑에 시름 깊은 고질병을 치유 못해
수많게 쌓은 인연 바람벽에 가로막혀
극락 간
방장스님이
애먼 목어 긁어대네.

## 사바의 짝사랑 - 영생

터 잡은 산사에서 인연 줄 당기다가
계율의 덫에 걸려 구름 속을 헤집고서
대훈해
낮달 사랑에
방장스님 환생할까.

허공에 말린 한삼(汗衫) 대보살 여민속내
청각사 꿈을 캐던 열반 후의 방장스님
핏발로
흐느낀 낭루(狼瘻)
변치 않던 사랑일까.

## 사바의 짝사랑 - 계대혼인

화중련(火中蓮) 다시 필까 대훈해 합장한 채
감춰둔 지극정성 빈 선방(禪房) 가득 채워
뜬눈을
숨어서 새며
신발 한 짝 봉헌한다.

그믐달 갈라가며 법당 벽 얼비칠 때쯤
대훈해 꺾인 죽지 짝사랑을 파계하는
부처님
주례사 듣고
극락성혼 이루었다.

# 제5부 벗님네들

애들아 우리 한번 반주깨미 살아볼까
주주봉 밑 십육회들 진정으로 화목한데
가는 벗 꽉 붙잡아서 더 놀다가 가세그려.

# 친구여

친구여 가지 마오. 우릴 두고 혼자 가나
반 성상 버티시면 팔순당산 오르는데
그것도 못 기다리고 저리 바삐 혼자 가네.

며칠 전 문병할 때 말도 없이 미소 짓고
육중한 거대몸집 휠체어에 올라앉아
승강기 문전에까지 배웅하던 친구였네.

오늘은 높은 단상 국화 향기 꽃 냄새에
수많은 조문객을 말없이 맞이하는
친구여 먼저 가거든 내 갈 곳도 알아주게.

## 가지 마오. 친구야

친구야 가지 마오. 나 먼저 가지 마오.
우리는 이제 희수 아직 멀어 구구 팔팔
먼저 간 선배 친구가 터 닦은 후 그때 가세.

가지 마 친구들아 먼저 가긴 아직 일러
맛난 것 산천 구경 먹고 놀다 이따 가세
그동안 힘들었잖아 좀 천천히 쉬어가세.

이 몸은 만신창이 내일 일을 알지 못해
그러나 마음으로 버텨보자 미수까지
굳세게 건강관리면 그렇게도 될 터일세.

## 금신회(金信會)

금신회 친구님들 삼십 오년 동고동락
체신동료 김해 출신 서울에서 상부상조
언젠가 돌아갈 때는 고향에서 만나세나.

형 아우 손 맞잡고 밀어주고 당겨주고
깊은 정 즐거움에 언제든지 왁자지껄
이제는 고희를 넘긴 백발마저 성성하이.

눈부신 발전 모습 고향 김해 자랑으로
경전철 자동운행 저 혼자서 달리는데
가락국 김수로 왕릉 덩그렇게 쓸쓸하이.

## 동조회

수십 년 벗님네들 나달마다 같이 모여
외롭고 그리움에 마음 깊이 회포 풀어
정들어 잊지 못한 채 헤어지기 아쉬워라

옥이야 순자 언니 *니캉 내캉 서로 아껴
날마다 보고파라 매달 서로 한자리에
이제는 홀가분하게 우리끼리 즐겨보자.

낙조에 시름 얹어 훌훌 멀리 털어내고
꿈속에 그리던 임 가슴으로 삭이면서
동무들 한마당 되어 찌꺼기를 씻어내자.

* 니캉 내캉: '너랑 나랑'의 방언

# 벗님네들

동조회 벗님네들 또 만나니 반가웠네.
천릿리 길을 마다 않고 달려가니 반겨주고
희수를 오르내려도 애들처럼 뛰어노세.

애들아 우리 한번 *반두깨미 살아볼까
주주봉 십육회가 진정으로 화목한데
가는 벗 꽉 붙잡아서 더 놀다가 가세그려.

잔잔한 보문호에 반짝이는 달빛가루
숨소리 가빠지는 내 전부의 사랑마을
언제나 변치말자고 맹세하는 동조회여!


* 반두깨미: 소꿉질의 방언

## 남정 친구야

사랑하는 죽마고우 신답 남정 연말 태희
주주봉 줄기 아래 코 흘릴 때 만났었지
남정은 부산에 가고 이태희는 *경상 갔다.

기약이 있었던지 우리 동무 다시 만나
구덕산 명문고교 경남상고 동기동창
외롭던 못난 태희는 남정 만나 반가웠다.

남정아 나의 친구 우리라도 팔순 맞아
그리던 친한 친구 천릿길도 지척인데
건강이 그 무엇보다 이 세상에 제일이다.

\* 경상: 경남상고

# 혼인 기념일

기와집 안마당에 마주 서던 선남선녀
수줍어 고개 숙인 규수의 뽀얀 미모
제야에 백년가약을 맺은 지가 쉰다섯 돌.

한겨울 혼례식에 원근 친족 모인 우애
분 발라 연지곤지 짙은 향기 진동 속에
새신랑 어쩔 줄 몰라 눈웃음에 벙글 모습.

꿈같은 사랑으로 고전 감내 지난 세월
어느덧 일녀 이남 손주들이 주렁주렁
곱던 님 희수 지나니 골이 깊은 주름살들.

## 그리워라 어머니

어머니 보고파요 지금 어디 계시나요.
백의 한복 흰 고무신 발이 아파 벗은 버선
왼손에 거머쥐고 선 기념사진 보네요.

내 나이 남아 이십 약관 청운 품에 품고
이승만 동상 앞에 엄니 상경 기념사진
반세기 기니긴 세월 그리워라 어머님.

사셨음 일백칠 세 오십 이세 얼굴 모습
너무나 인자하고 자식 사랑 몸에 배여
내 가면 우리 어머니 보고 싶어 꼭 한번.

# 님을 그리며
### -창조 매형의 49제에 부쳐

매형의 영정 보니 다정다감 숨은 얘기
언제나 아우 사랑 오가던 뜨거운 정
오늘은 곁에 있는 듯 더더욱이 미소 짓네.

한평생 잉꼬부부 애처가로 소문자자
극진한 자녀 사랑 효자들로 자랑하고
오늘도 한 자리에 와 어버이를 기려보네.

자형의 저승 세계 편안하게 지내시면
훗날에 우리 모두 다시 만날 그때까지
부처님 극락 인도를 두 손 모아 빌고 있네.

## 조시(弔詩)
### -화수회장 영전에

회장님 필우회장 편안하게 잠드소서.
날마다 화수회를 잊지 못해 뜬눈 새워
망구순 힘들어하며 경주이씨 빛냈어요.

회장님 우리 회장 당신께서 일군 사업
장남께 당부하셔 아낌없는 추가기부
우뚝 설 문화회관을 가시면서 주셨어요.

회장님 필우 회장 오랜 기간 회수 회장
오늘에 손 놓으며 시원 섭섭 하실 텐데
이제는 저승에 계셔 경주이씨 도우셔요.

## 송구영신

이년(年)은 활활 촛불 온 누리에 불 밝히고
오는 년 사방으로 어둔 세상 비추려나.
온 세상 환한 불빛에 행복 한 줌 주고 있나.

가는 년 잡지 말고 나쁜 촛불 끄고 가면
어두운 이곳저곳 좋은 촛불 밝혀두고
이년에 유독 촛불이 잔해 없이 꺼지려나.

강토에 불순잔불 되살아나 태운 이 땅
만백성 행복가정 잿더미로 사라질라
그 누가 다시 일으켜 복된 세상 꾸리려나.

이년아 어서 가라 미련 없이 사라져라
새해를 맞이하면 희망 담은 새 년에서
온 천하 우리 백성들 행복 느껴 살게 되나.

## 법대 동창회

황교안, 박기억님 쌍두마차 들고 뛰니
온 동네 법대 동문 구름처럼 밀려오고
신묘년 노을 길녘에 성대 법대 만만세.

힘든 일 마다 않고 찾은 투혼 몰두하니
여태껏 보기 드문 희망에 찬 동문회로
해마다 힘 모은 장력 성대 법대 만만세.

동문에 후배 사랑 마주 잡고 이끌어서
힘 합친 법대 동문 서로 돕고 발전하여
스카이* 깨부순 저력 법대부터 앞서세.

\* 스카이(SKY): 서울대, 고려대. 연세대의 앞 영문자 표기

## 장창조 소령 영전에

임관에 혼인하고 전후방을 넘나들며
국토방위 청렴 장교 부대 기강 바로잡아
오늘날 부강 조국에 초석 되어 든든했다.

현충원 국가 지킨 자랑하는 성역에서
내 조국의 배려 속에 애국충정 기리다가
편안히 잠드신 님을 못내 잊는 마음이다.

찬란한 무공훈장 앞가슴에 패용하고
의사 검사 국민공인 간성들을 세워놓고
하늘에 높게 앉아서 흐뭇하게 웃으신다.

## 백세 축하
### -장순열 장모님께

어머님 탄신 하여 백년 장수 하셨으니
슬하에 우리 모두 두 손 모아 축수하고
어머님 모두 어머님 천수 안강(安康) 누리소서.

해방 전 일제 시에 젊은 나이 시집와서
어머님 고통 속에 자식들이 세상 보아
따뜻한 어머님 손길 후덕하게 즐기소서.

찬바람 시린 찬물 고이고이 기른 자식
노모의 자애 속에 우리도 팔순 맞고
어머님 하해 같은 맘 훈풍으로 녹이소서.

# 충열사

산과 흙 옛것이나 변해버린 부산 땅에
사백 년 임진왜란 첫 순절한 상현부사
지금도 후손들에게 경배하는 충렬사.

왜적들 첫 상륙에 일거유린 부산진 성
취침 중 벼락 맞아 백의민족 피바다로
삼천리 방방곡곡에 통곡으로 아우성.

조선 땅 남단 동래 우뚝 세운 충렬사에
순절한 우리 명장 발길 이어 기리면서
선열의 그윽한 향기 정성봉행 참배객.

## 익재공 할아버지 · 1

익재공* 할아버지 삼천여 년 제일충신
유청신 오잠역적 동정행성 원조앙청(元朝仰請)
익재공
국기국인기인(國基國人其人)*
원의 편입 막아냈다.

익재공 할아버지 우리나라 구국충신
오늘날 다시 오셔 이 나라를 구한다면
머잖아
대한민국은
국위선양 발전한다.

* 익재공: 본명 이제현(1287년~1367년)으로 고려 후기 문필가며 성리학자로 재상을 지낼 때 고려를 원나라 편입을 외교적으로 막아냄.
* 국기국인기인/ 그 나라는 그 나라 백성끼리 살게 한다.

## 익재공 할아버지 · 2

익재공 할아버님 만고의 대장군님
고려의 대역적인 오잠과 유청신을
필도로 단칼에 목 벤 동방의 구구명장

이제헌 우리 선조 하늘이 내려주신
동방의 태양이요 천공에 샛별 되어
육 글자 국기국인기인 탄복한 원의 황제.

오천 년 이 나라를 글로써 지켜내신
첫 번째 구국 충신 만고의 애국충절
익재공 포암공 후손 길이 품을 그 자긍심.

모였네. 표암 후손 향사에 무릎 꿇고
빌면서 감복하며 영면에 합장하여
전 종친 경주이씨가 자랑하는 삼한갑족.

## 도안무사공 향사

어동육서 홍동백서 좌포우해 조율시이
해마다 조상숭조 가을시제 모시는데
익재공 후손 종친들 용인백암 선산이다.

새벽부터 뿌려진 비 날씨 개여 밝은 햇살
쌀쌀한 늦은 가을 옷깃자락 여미고서
조상님 은덕 기리며 홀기* 속에 기원한다.

다섯 묘소 순번대로 상 차리던 가을 시향
모두들 한자리에 간소화로 통합향사
세 시간 걸리던 제례 절반 이상 덜고 있다.


* 홀기: 제례에 대한 여러 절차를 적은 글.

## 제6부 먼 머~언 길

그대와 달콤하게 꿈동산을 가꾸려고
한 손에 짝지 짚고 어깨 위에 날개 펴셔
구만리 흰 구름 따라 함께 가는 먼 머~언 길.

## 부부애

이 세상 무엇보다 조강지처 사랑만큼
하늘과 땅 위에서 금은보화 비하리오.
그 이름 영원하도록 찬란하게 빛이 나리.

꺼져간 당신 영혼 다시 이는 불씨 되어
고귀한 부부애를 온 세상에 뿌려주오.
내 한번 새사람 되어 영원토록 사랑하리.

오늘도 고독 안고 안간힘을 버티면서
날마다 극성으로 밀착 간병 보살피오.
내 마음 하늘 끝까지 당신 뒤를 따라가리.

# 내 님

진짓상 차려놓고 홀로 앉아 수저 드니
맞은편 내 님이여 어디 가서 안 보이나
이렇게
하루하루를
슬픔으로 지낸다오,

가셨던 극락세계 그곳과는 연락 두절
내님을 그려보고 아린 마음 다스리니
천상에
재회할 날을
기다리는 삶이라오.

## 사랑해요

우리는 우리끼리 사랑하고 있어요.
사랑한다 말하지 않았어도 사랑해요.
가슴을
쪼개어 보면
사랑들이 가득해요.

세월이 하염없이 흐른 정을 담네요.
가슴에다 채운 것 큰 바위로 안았네요.
깊은 정
새어 나갈까
조마조마 하니까요.

## 꿈이여

꿈이여 다시 오라 영원세상 살고 싶어
온 세상 하루같이 너도나도 행복하게
당신과 맺은 언약이 구만리로 흘러가네.

한 많은 세상 속에 너와 내가 손을 잡고
무지개 꿈을 향해 쉴 새 없이 달려오며
이제는 활짝 피워낸 아름다운 꿈이었네.

이 세상 당신 있어 무한히도 행복했던
우리는 아름답게 살아가길 포기하고
훨훨훨 날갯짓하며 구천으로 날아갔네.

# 님이 그리워

흐르는 구름 사이 보일 듯이 내민 얼굴
물 위에 떠 오르며 일렁이는 임의 모습
못 잊어 뛰어들어가 붙잡으면 안 되나요.

그리워 보고 싶어 조용하게 불러 봐도
임께 선 듣고 있나 굿 점이나 짚어 볼까
그리운 그대 얼굴에 붉은 꽃물 흐르네요.

구름에 가린 달도 임 그리워 흐느끼나
흐르는 물결 위로 얼룩지는 임의 얼굴
보고파 눈을 비벼도 그리움만 커가네요.

## 차남

내 차남 이 사장은 장남 혼자 외로울까
형제로 태어나서 우애롭게 지내지만
사업이 순조로워야 부모 마음 편하리라.

아직도 사십 청춘 구만리나 남았건만
세파를 헤쳐가기 그리 쉽지 않을 터에
건강은 만금주고도 사지 못해 가꾸어라.

육체와 정신건강 제일인 것 잊지 말고
영혼이 파괴되면 육체 건강 쓸모없어
난세에 혼줄 다잡아 험한 파고 넘어서라.

## 아! 민호야! · 1

민호야 말해다오 꿈에라도 보여다오
말없이 왜 죽었나 죽어야 할 사정 말해
조부모 타는 애간장 꼭 한 번만 식혀다오.

내 장손 우리 민호 천상에서 무엇 하나
날마다 보고 싶어 시 때 없이 울부짖어
단 한 번 선몽이라도 웃는 모습 보여다오.

오늘이 삼월 이십오일 약관 청년 이십이라
대학교 입학하여 우쭐대기 십상인데
생일날 너를 못 잊어 너의 체취 풍겨다오.

## 아! 민호야! · 2

시안*에 고이 잠든 나의 장손 우리 민호
너 간 지 일주긴데 보고 싶어 절실하여
한강을 건널 때마다 불러 봐도 허공일 뿐.

십구 세 약관미달 천하통일 꿈을 접고
세상을 하직하여 말이 없는 박찬 인생
너의 맘 이해 못하여 조부모는 허탈할 뿐.

이승의 넓은 강을 무심하게 건너버려
땅 치고 통곡한들 텅 빈 하늘 허허로워
미소로 내려다보는 너의 얼굴 일렁일 뿐.


* 시안: 경기 광주시 오포읍에 소재한 공원묘지

## 생일축하


경기도 3개국을 출장 갔다 귀가하니
달덩이 옥동자를 셋방에서 자연분만
69년 양력 동짓달 세 번째로 만난 자식.

청량리 대왕 코너 달려가 산 전기난로
바르게 살라 하며 정식(正植)이라 이름 주니
열심히 효도하면서 사십사 세 반생 됐네.

어여쁜 김씨 아내 맞이한 지 십육 년에
귀여운 두 아들이 무럭무럭 자라나서
의좋게 맞벌이하며 다복하게 살고 있네.

사십 세 어머니가 막둥이로 사랑 쏟고
44년 자식 사랑 하루라도 잊지 못해
어머님 은공 보답을 마음만이 갚아보네.

# 먼 머~언 길

비 오는 축축한 날 온 천하가 눅눅한데
약관의 꿈을 안고 청운으로 달려오다
뒤늦게 둘러보아도 님이 간 곳 먼 머~언 길.

그대와 달콤하게 꿈동산을 가꾸려고
한 손에 짝지 짚고 어깨 위에 날개 펴셔
구만리 흰 구름 따라 함께 가는 먼 머~언 길

인생은 부교 없는 넓은 강을 건너가며
환상의 꽃길 같은 잴 수 없는 깊이 속에
순명에 멀고 먼 길로 님과 함께 걸었던 삶.

너의 꿈

불러도 대답 없고 찾아도 안보이고
어디서 만날 수가 나의 꿈인 임이시여!
황금빛 꽃봉오리가 이 땅에서 활짝 핀다.

울어도 외쳐 봐도 날마다 찾아봐도
내 사랑 임이시여! 천상으로 승천했나
너의 꿈 뮤지컬 배우 못 이루는 통한이다.

뮤지컬 들리는가, 너의 꿈 아름답게
누리에 꽃 피어줄 그 무대가 찬연하여
하늘에 너의 꿈 풀면 오늘 나의 기쁨이다.

## 흘리게 한 눈물

당신은 이 세상에 오직 하나 나의 목숨
절대로 가지 마오, 먼저 가면 아니 되오
못난이 처리해주고 먼 훗날에 가도 되오.

안 보고 만난 우리 반세기 전 구식 혼인
족두리 사모관대 암수 장 닭 청둥오리
우인들 축사 들으며 홀기 따른 혼례였오.

눈물이 앞을 가려 망지소조(罔知所措) 어려운데
닦아도 짠 눈물이 자꾸 흘러 주체 못해
절대로 안 보낼 테니 앞서감을 멈춰주오.

## 위대한 어머니

나날이 무거운 몸 지탱하며 열 달 고통
출혈에 찢어지는 사경에서 얻은 자식
손닿는
옥구슬처럼
볼 때마다 짙은 사랑.

젖 물려 새근새근 잠든 모습 기특하고
신기해 쏟은 정성 뚫어지듯 시선 멈춘
등허리
업은 아기는
보배 같은 엄마 분신.

## 어머니의 찬미

세상에 위대하신 어머니 손 온기 담아
영원히 내리비친 하해 같은 사랑으로
구만리
높은 창공에
햇빛 미소 자애롭다.

복숭아 붉은 빛깔 토실토실 솜털아기
숫지게 품에 안고 종종걸음 마을가는
어머니
맵짜한 사랑
바다처럼 넓으시다.

## 관촉사 문학기행

산천에 아카시아 장미 향기 흠뻑 뿜어
문인들의 문학기행 얼굴들은 홍조 띠고
어린이 소풍 온 듯이 천진난만 들뜬 마음.

날씨도 화창하니 관광버스 흥이 나고
서해안의 간조 갯벌 해물 캐는 아녀자들
그을린 얼굴 속에서 반짝이는 눈망울들.

관촉사 은진미륵 석등 안에 촛불 밝혀
중생 제도 밝은 미소 대웅전의 세 부처님
황산벌 계백장군의 말 달리는 발굽 소리.

## 지난 세월의 감회

새해의 밝은 날이 찾아드는 일흔일곱
강산은 변함없어 옛 인걸은 간곳없고
얼굴은 검버섯 선물 깊어지는 주름살.

그 옛날 희로애락 주고받던 소꿉친구
저마다 일손 놓은 백발들이 성성한데
멀어진 따뜻한 우정 이어보면 어떨까.

한 생을 살아온 길 하루하루 겹친 칠십
그러다 우연찮게 이 먼 땅을 하직하면
그 누가 기억해 주리 살아생전 한 생을.

## 차량 사고

차(車) 사고 났다 하면 나는 죽고 너는 사나
아빠야 우리 형아 모범으로 표준운전
난폭한 에스자(S) 운전 너무나도 꼴불견.

자동차 세계 5위 눈물 나게 자랑이라
운전은 지그재그 불안하기 짝이 없어
다 같이 안전운전을 사고방지 생활화.

자동차 집집마다 한두 대씩 소유하고
해방 후 동네마다 자전거가 한두 대씩
천지가 개벽하였지 대한민국 부자래.

그때는 남자만이 차량운전 하는 걸로
요즈음 남녀노소 못하는 이 없어지고
온종일 면허시험에 줄을 이어 섰더군.

## 엄홍길 산악인

발아래 펼쳐있는 은세계의 히말라야
온 세상 유아독존 하늘 아래 엄 대장은
살아서 돌아갈지는 신들만이 알고 있다.

십육 좌 히말라야 세계 최초 등정정복
강심장 강철다리 불굴 같은 인내심이
한국은 세계 제패 꿈 엄 대장이 이루었다.

정상의 팔천 미터 휘날리는 태극기는
혹한의 가쁜 숨결 몰아쉬며 바라보던 엄의 모습
당신은 자랑스러운 전 세계의 등산가다.

■ 평설

# 애련한 감성에 심미적 인고 정신의 완숙
-이태희 시조집 『먼 머~언 길』의 시조세계

송귀영
(한국 시조협회 부이사장)

## 1. 서언

  시조는 우리 문학의 정수인 동시에 절제된 언어 미학을 감지하게 한다. 시조는 언어의 융합과 함축이란 필연적 응축의 기법을 모색하여 우리 고유 문학 포맷의 형식으로써 자유시와 또 다른 변별성을 갖는다. 모든 시인이 시재로 취택하는 가장 중심적인 소재는 자연과 우주 만물의 형태와 움직임의 소리라면 그 대답은 참으로 궁핍하다. 시적 절대 필요의 반복성에서 평행의 이론은 근거가 확실한 개연성이 존립한다. 시조의 존립관은 언어의 사고와 존재의 철학에서 시업의 길이 열린다는 하이데거Martin Heidegger가 주장한 핵심이 실존적 추아함의 미적 추구와 형이상학적 오염된 시대에 성스러운 존재의 역설 이론으로 간주된다. 시조의 비유적 기법을 잘 활용한 현대시조에서 사물의 생김새를 감정이입수법으로 활용하여 의인화시켜 비유한다. 밀도 높고 실

감나게 구상화시킨 비유나, 상징, 풍자나 역설, 반어 등은 작시법의 근간을 이루는 장치로서 그것이 생략된 시조는 시조가 아니라고도 할 수 있을 정도의 주요한 기법이다. 시작에서 곧이곧대로 직설적으로 표현할 수도 있다. 직설적 표현이 곤란한 경우에는 다른 사물을 빗대어 간접적으로 은근히 돌려 연결성을 부여하면서 표현에 목적을 달성할 수도 있다. 아호가 유송인 이태희는 시조의 율격에 충실하면서 오늘의 삶을 반영하는 서정적 리얼리즘의 시학을 자유롭게 활용할 줄 알고 있다. 시편이 평범하면서 널리 통용한 언어 감각과 특유한 삶의 밑바닥에서 배어나오는 목소리이자 실존적 직설로 고백을 하고 있다. 따라서 시조가 견지하는 선험적 기반인 정형은 언제나 세심하게 지켜져야 한다는 점을 인식하고 있는 시인이다. 시조의 존재 방식에 대하여 배타적 성찰을 보듬는 전문술사가 되어야 하고 단아한 기억으로서의 정형적 미학은 자연과의 결속을 유도하며 대상을 통하여 대변하는 것이다. 이것은 시인만이 가지는 고유의 경험과 감성의 공간을 되새기는 일이다. 현대시조가 일정한 형식과 율격으로 리듬의 율격을 통한 정형양식으로서의 정체성과 확장성을 지켜온 실체에 간과해서는 안 된다. 고유의 전통적 리듬과 율격을 살려 나간 창의적 문학성에 시조는 높이 평가되고 있다. 시조의 내공을 바탕으로 삼아 넓은 포용력으로 휴머니티Humanity를 고조시키고 시적 대상이 갖고 있는 투명한 시선이 문학의 위기에 돌파할 새로운 대안카드로 문제를 제기하고 있다. 이태희가 시조의 대상물에 대하여 시선을 얼마나 관조했는지 그 무게는 알 수 없어도 작가 정신에 충실하려는 몸짓만은 분명하다. 꽃잎이 바람에 날리듯 시조는 리듬의 바람을 타고 거침없이 상상의 길을 활짝 연다. 서정을 회복하면 낮은 곳으로 강물이 흘러가듯 상상의 물길이 열린다. 애잔하고 역동적인 이미지가 절창의 가락에 실려 세상 밖으로 흐른다.

유송의 시조 세계에 있어서 순응과 조화의 대상으로 일상 속을 바라보는 혜안에 가진 것은 체험의 시적 인식이며 탐색에 불빛이다. 새로움에 대한 발견의 몸부림도 첨가된다. 이러한 몸부림에서 맞닥트린 순간을 잘 포착하여 시조의 율격으로 승화시키는 데 지혜를 모으고 있다. 일상적 우연한 것을 더욱더 은밀한 달관의 시야로 새로운 의미를 창출하고 있다. 모든 독자가 부담 없이 읽을 수 있도록 아주 쉽게 시조를 쓰고 있는 유송의 두드러진 개성을 엿볼 수가 있다. 현재 우리가 세상을 살아가면서 진솔한 고뇌와 냉철한 자아로 성찰하고 새로운 지표를 설정하여 나가기란 참으로 어렵다. 인간이 한세상을 살아가면서 깊은 사유와 성찰로 자신의 사상과 감정을 형상화한다는 것은 여간 값지고 숭고한 일이 아니다. 인간은 원래 가진 감정이나 심정을 정이라고 하지만 남을 동정하고 이해하는 따뜻한 마음이며 그리움도 순수한 감정이다. 같은 혈연의 정을 통해 한 핏줄로 태어났거나 인연으로 우리가 세상을 살아간다. 현재 우리 사회가 양심이 실종된 심각성을 우려하여 요지경처럼 아리송하고 묘한 세상을 상징적으로 투시하는 사례도 많이 도출되고 있는 실

정이다. 인간이 한세상을 살아가면서 깊은 사유와 성찰로 자신의 사상과 감정을 형상화한다는 것은 여간 값지고 숭고한 일이 아니다. 인간은 원래 가진 감정이나 심정을 정이라고 하지만 남을 동정하고 이해하는 따뜻한 마음이기도 하며 그리움도 순수한 감정이다. 인간사에서 가장 소중한 소통의 기본요건인 정마저 도외시하는 경향이 없지 않아 탄식을 자아낼 경우도 허다하다. 같은 혈연의 정을 통해 한 핏줄로 타고 났거나 인연으로 맺어진 친족 간의 정도 핏빛만큼이나 진하고 소중하다. 미련이나 나약함이 단단한 용기에서 생성되는 것임을 인식하게 한다. 희로애락의 감정을 더 잘 느끼는 사람, 슬픔에서 아름다움을 발견할 줄 아는 사람이 조용한 위로의 인사를 건넬 줄 안다. 시조는 우리가 발 딛고 있는 세상의 구체적인 형상을 그려낸다. 자신의 삶을 유리하게 엮어 살아가는 방식과 그 과정을 연결 고리로 여과시켜 밝힌다. 견고한 사실과 근거에 기존해서 따뜻한 진언으로 빛을 발하는 작품을 통한 풍요로운 미래를 새로운 사유로 초빙한다. 타고난 의지가 강렬해도 내면 깊이 스스로 지배하고 있는 역경과 고난의 현실을 인식하고 극복하고야 말겠다는 강인한 정신력의 축적을 도모하는 결과이다. 특히 거울이 자신의 모습을 비춰보는 도구라지만 외모뿐만 아니라 내면의 모습, 그리고 영혼의 형상을 응시하게 된다.

## 2. 인생의 고독한 여생에 조용한 삶의 촉구

 유송은 자연을 주시하면서 시야에 사라졌다가 다시 나타나기를 반복하는 감성의 이상향이 강한 표현으로 나타낸다. 이러한 반추의 시학은 집요하게 뒤풀이에 독특한 멜랑콜리 Melancholy의 미적 시학으로 빚어내려 한다. 자신의 공격성향이 연약하다는 사실을 변형하거나 인식에 대한 변명과 참회의 고백을 토로한다. 설렘과 외로움, 그리고 그리움과 슬픔의 섬세한 마음에 마디가 살아있는 시어들로 갈피를 접어 오래도록 숨을 고르게 한다. 인생을 되돌아보며 삶을 반성하는 유송의 생활신조로 누구나 공명을 불러들이며 쉬운 시어로 자신의 가치관을 뚜렷하게 내포하고 있다. 독자들이 곁에 두고 항상 아껴 읽고 싶은 구절로 가득한 시들은 우리들의 마음을 다정한 목소리로 고스란히 풀어헤쳐 곁에 오래도록 머물게 한다. 우리가 모르는 순간 잊고 있었던 모습을 선명히 비추는 노래 같은 쉬운 시어의 취택이다. 대부분 사람들은 무엇인가 알면서도 모른다. 사람들은 결국 자기가 홀로 간다는 엄연한 사실을 새롭게 확인한다. 인간 내면의 결핍과 상실의 아픔으로부터 온다는 것을 인식하고 이를 극복하기 위하여 스스로 변용하거나 이상을 추구하려는 강력한 투지와 의지의 열정을 보인다. 유송은 청각장애로 인하여 정상적인 소통이 어려운 여건인데도 불구하고 이러한 장애를 극복하여 맺어진 친족 간의 정도 핏빛만큼이나 진하고 귀중함을 느낀다. 인간사에서 가장 소중한 소통의 기본요건인 정마저 도외시하는 경향이 없지 않아 탄식을 자아낼 경우도 허다하다. 나약함에도 단단한 용기에서 작품이 창작되는 것임을 인식하게 한다. 희로애락의 감정을 더 잘 느끼는 사람, 슬픔에서 아름다움을 발견할 줄 아는 사람이 조용한 위로의 인사를 건넬 줄 안다. 시는 우리가 발 딛고 있는 세상의 구체적인 형상을 그려낸다. 자신의 삶을 유리하게 엮어 살아가는 방식과 그 과정을 연결 고리로 여과시켜 밝힌다. 타고난 의지가 강렬해도 내면 깊이 스스로 지배하고 있는 역경과 고난의 현실을 인식하고 극복하고야 말겠다는 강인한 정신력의 축적을 도모하는 결과다. 특히 거울이 자신의 모습을 비춰보는 도구라지만 외모뿐만 아니라 내면의 모습, 그리고 영혼의 형상을 응시하게 된다. 자신의 공격성향이 연약하다는 사실을 변형하거나 인식에 대한 변명과 참회의 고백이다. 설렘과 외로움, 그리고 그리움과 슬픔의 섬세한 마음의 마디가 살아있는 시어들로 갈피를 접어 오래도록 숨을 고르게 한다.

이 시조집에 탑재되어있는 시맥은 우리가 모르는 순간 잊고 있었던 모습을 선명히 비추는 노래와 같은 시어의 취택이다. 인간 내면의 결핍과 상실의 아픔으로부터 온다는 것을 인식하고 이를 극복하기 위하여 스스로 변용하거나 이상을 추구하려는 강력한 투지와 의지의 열정을 보인다. 과거는 완료되는 것이 아니라 현재 위치에서 부단히 재조명되어 다시 살아남음에 기억으로 끌어들인다. 시조를 쓰다 보면 언제나 언어의 조탁 능력에 한계를 느끼게 되며 이것은 시인이 피지 못할 슬픈 운명이 창작이라는 과정과 관련성이 있다. 끊임없이 새로운 언어를 구사해야 하고 스스로의 시 안에 꿈틀거리는 느낌을 신선한 어조로 확장하여 표출해야 한다. 한 편의 시조를 완성하기 위해 시상의 날개를 활짝 펴서 아름다움에 비상한다. 시조를 창작하는 과정에서 시의를 서로 엮어 중의적 표현을 통하여 암시하는데, 은유의 영역과 더불어 크게 기여한다. 시조를 읽다 보면 그 속에서 자신의 삶에 본질과 맞닥트리며 슬픔과 환희, 그리고 행복과 불행, 증오와 그 외에 선악이 부딪치며 많은 심적 고통을 받게 된다. 그래서 유송은 정열적이고 근면하며 능동적인 동시에 탁월한 심미감과 세상을 순정적으로 보는 눈이 넓고 밝다. 완벽한 인생을 살지 못했다는 사실이 마음의 어깨를 토닥이며 언어로 다룰 수밖에 없는 문학의 실체가 감정이 다른 표현으로 시화하고 있다. 시조는 밑바닥에 감추어진 본질의 특성을 드러낸다. 언어이면서 언어가 아닌 곳으로 닿고자 하는 것이 바로 시이기 때문이다. 시조처럼 압축된 글로 삶의 깨달음을 쓰고 잠언 또는 아포리즘이라 할 짧은 경구가 생각의 거리를 좁혀준다. 마음이 텅 비도록 상해있던 몸부림이 그림자로 머물 때 우리가 좌절한다. 이 고약한 좌절이 누구를 겨냥해서 옥죄거나 견제할 목적의 수단이 아니라 밑바닥 그 누구를 최우선시하는 목적을 펼치는 데 고심을 하고 있다. 달은 명랑한 체형이 아님에도 쉴 틈 없이 변한다. 그래서 우리는 스스로 보고 싶은 대로 달을 보며 살아간다. 이상과 같은 맥락에서 유송의 시조세계를 유영해본다.

물 따라 바람 따라 세월 가는 급한 소리
이 땅에 살면서도 온갖 상념 떠올라서
고희를 지난 오늘이 유난하게 잘도 간다.

유수도 함께하며 일흔 고개 넘고 넘어
삼천리 금수강산 반 토막만 안 됐어도
동방에 솟아오르는 수평선 위 태양이다.

물소리 바람 소리 앙가슴에 숨은 소리
인생의 발자국에 스며드는 한숨 소리
지난날 고통의 소리 아픈 소리 아니란다.
「세월이 가는 소리」 -전문

    가치관을 어디에 두면서 인간이 어떻게 살아가는 것이 바람직한 삶인가에 그 생각도 달라질 것이다. 화자는 고희를 지난 오늘의 세월 가는 급한 소리를 듣고 느끼면서 그동안 살아온 모든 상념을 떠올린다. 개인적인 고난과 슬프고 아픈 소리가 인생의 발자국을 따라 가슴속 깊이 한숨 소리로 스며든다. 하지만 「세월이 가는 소리」가 지각된 현실에 자아의 의식을 투영한 실존은 개인적 인생의 본질보다 나라 걱정이 앞선다. 삼천리 금수강산이 무엇 때문에 분단의 아픔으로 겪어야 하는지 고통의 역사 인식을 잠정적으로 은유하고 있다. 마지막 수 종장에서 "지난날 고통의 소리 아픈 소리 아니란다."로 절망이 아닌 희망의 목소리를 퍼 올리고 있다.

창밖의 짙은 녹음 한더위에 기세등등
입추에 기가 죽어 옷 색깔이 변하는 듯
혹한의
하늬바람에
앙상해진 몰골이다

인생은 유한한데 떠나보낸 독거노인
초목은 봄이 오면 죽은 듯이 되살아나
노부부
홀로 떠나면
봄꽃 펴도 볼 수 없다.
「독거노인」 전문

 현란한 삶의 현실에 얽매이다 보면 어느덧 이팔청춘이 덧없이 흘러가 버린다. 청춘의 봄을 지나치는 동안 그렇게 사랑했던 가족들도 하나둘씩 헤어지고 떠밀리듯 외롭게 혼자 사는 신세가 된다. 위에 인용한 「독거노인」은 봄과 초목으로 비유한다. 산하의 모든 초목은 입추부터 기가 죽어 옷 색깔(단풍)부터 변하기 시작하여 겨울이 오면 앙상한 가지들로 몸을 움츠린다. 인생도 청춘의 봄이 지나가고 노후의 겨울로 접어들면 기구한 운명과 혼곤한 삶에 지쳐버린다. 하물며 가족과 이별하고 쓸쓸한 낙엽처럼 허상 같은 혼자의 독거노인의 삶이야 오죽이나 할까. 초목은 봄이 오면 새잎과 새싹이 트고 꽃도 피우지만, 인생은 한 번 가면 시들고 되돌릴 수 없다. 핵가족시대에 인구가 점점 줄어들고 노령화로 진입한 우리나라의 독거노인 시대도 앞당겨질 전망이다.

하늘이 주신 장애
기꺼이 받아야지

또 다른 장애자가
안 되도록 둑을 쌓자

장애자 흐르는 눈물
또 닦고 닦아본다.

장애자는 자신 책임
누구에게 전가하나

사방에 눈을 닦고
흘깃흘깃 살펴야지

장애자 쓰린 고통
포말로 부서진다.

「장애인의 눈물」 전문

   장애는 하늘이 주는 선천적 장애와 세월과 환경이 주는 사고의 후천적 장애가 있다. 화자는 후천적 장애이지만 선천적 장애자처럼 하늘이 주는 운명의 장애자로 생각한다. 자신에게 주어진 고통을 받아들이면서 담담하게 살아간다. 때로는 포말처럼 부서지는 장애자의 고뇌와 번민을 안으로 삭이면서 정상인들이 겪지 못하는 고초도 영성으로 의지를 불태운다. 생활의 불편을 극복하려면 정상인보다 몇 배로 눈물겨운 고심의 노력이 필요할 것이다. 장애인이 겪고 있는 고통은 정상인들이 느끼지 못한 상상을 초월한 그들만의 소리 없는 눈물이다. 어디에도 하소연할 때 없는 아픔이기도 하다. 특히 사회생활에서 듣지 못하여 소통할 수 없는 청각장애의 지장으로 답답함과 갑갑함은 형언할 수 없을 것이다.

> 한숨을 받아 안고 이슬로 공 굴리며
> 흘리는 눈망울 고였다가 흘러내는
> 강물에 구름을 띄워 하품하며 피었더냐.
>
> 긴 세월 주름잡아 물 위에 별이 뜨면
> 절벽의 침묵 속에 임의 얼굴 새겨놓고
> 재가 된 하얀 가슴에 오그라든 정이더냐.
>
> 띠 두른 하늘 저편 시름을 흩뿌리며
> 흔들린 가슴 한 쪽 허기져서 앓아눕고
> 투기로 사랑을 채워 뼈대 세운 삶이더냐.
> 「고란초에게」 전문

위의 시조 「고란초에게」는 한국 시조협회 작품상을 수상한 작품으로 부여 고란사 절벽에 천박한 환경을 이겨내며 자생하고 있는 고란초의 생명력을 시재(詩材)로 취택하고 있다. 시인들의 시상은 다양해서 평범한 시재라 할지라도 타인이 보지 못한 알갱이를 보고 그것을 채취하여 세밀하게 시화하는 것이다. 고란초는 고란사 뒤뜰 바위틈에서 생육하기 힘든 환경에 맞서 살아왔음이 분명하다. 고란초가 자생하기에 까다롭고 고사리 목과 양치식물인 여러해살이 회귀

한 풀로 알려진다. 백마강이 유유히 흐르는 수온을 느끼며 숱한 세월 속에서 질긴 생명력으로 지탱해 왔다. 삼천 궁녀가 꽃잎처럼 떨어졌다는 전설을 고스란히 품고서 자생했을 고란초의 삶을 역사에 접목시켜 상상을 유추하고 있음이 평가되는 작품이다. 고란사에 고란초 하면 가장 먼저 떠오르는 것은 백제 황실과 마지막 의자왕에 비운의 역사와 전설이다. 인용한 작품 첫째 수는 낙화암에서 초개와 같이 투신하는 삼천여 궁녀의 눈물방울과 그녀들의 혼들을 떨어지는 꽃잎으로 형상화했다. 둘째 수에서 비운의 백제 마지막 의자왕에 당시의 심정을 상상적으로 유추하였다. 마지막 수에서 이러한 역사와 전설을 품은 고란사 뒤뜰 바위 틈새에서 자생하기 힘든 "뼈대 세운 삶으로"써 역사의 진실을 교시하고 있는 것이다.


### 3. 인생의 봄과 초월적 과거에 음원

 유송의 인생을 들여다보면 지나간 세월과 추억에 대한 농도 짙은 정서가 봄의 치환으로 깊게 담아낸 회고의 시조에 면모를 보인다. 긴 여로에서 어정쩡하게 살아왔던 것들도 시인은 마치 봄기운처럼 파고들어 소매 끝을 따뜻하게 한다. 인생은 한번 가면 되돌릴 수 없기 때문에 안도할 수 없는 삶의 영역이 존재한다. 인간사회에서 한번 맺었던 인연이 떠나가는 모습을 바라보는 심정과 떠나보내는 의연함이 교

차하는 분기점에서 숙연한 분위기에 휩쓸린다. 그러나 한 개인의 초월적 과거에 매달리는 집착은 그 개인이 속한사회 현실과 유기적인 긴밀한 관련이 있을 것이다. 시인도 그 기능을 상대할 수밖에 없다. 만고 성상을 헤치고 앙상한 나뭇가지에서 새 생명을 피어 올리는 봄의 전령은 고단한 삶의 탈출구로 인용한다. 사람들은 간혹 과거사에 함몰되어 방황하거나 과감한 감정의 기복을 보듬어 담기도 한다. 그래서 정적인 사색의 바다에 유영하기도 한다. 유송은 과거의 소리를 들으려고 부단히 애를 쓰는 시인이다. 사람들은 누구나 과거가 있기 마련이지만 그 과거를 슬프게 생각하거나 아름답게 생각하는 것은 그 과거의 상황에 따라 다를 것이다. 그래서 시조 한 수에 사려 넣을 수 있는 소박하고 진정한 감상과 그것들이 다시금 마음속 노래로 부를 수 있다면 많은 사람을 감동시킬 것이다. 이러한 인식을 바닥에 깔고 다시 유송의 다음 작품들을 살펴본다.

볼 수도 만질 수도 무게마저 없는 것이
힘 자랑할 때 보면 간지럼을 태운기술
봄 처녀
치맛자락을
걷어 올린 심술 꾼.

차가운 바위틈에 아지랑이 끼어들면
돌무덤 이끼 속에 벌레들이 찾아들고
흰 솜털

> 버들강아지
> 단물 받아 틔운 싹.

「봄의 소식」 전문

　봄기운이란 강렬하지도 화려하지도 않으면서 절대로 멈춰 흘러가지 않는 계곡의 흐르는 물과 같다. 미세한 기미를 포착하고 음미하면서 누릴 수 있다는 것은 틀림없이 선택받은 감성의 소유자다. 봄은 만질 수도 없고 무게를 잴 수가 없다. 따뜻하게 봄 햇살을 비추어 봄 처녀들에게 간지럼을 태운다. 아지랑이도 바위 틈새로 스멀거리며 산야의 모든 동식물이 겨울잠에서 깨어난다. 시인은 봄을 맞이한 생물들의 움직임을 세심히 바라보고 사유하며 느낀 모습들을 노래하고 있다. 봄의 이미지를 통한 미물들까지 실체가 무엇이든 사랑과 번식의 과정을 놓치지 않는다. 미리 예감을 인지하여 봄의 향취를 새록새록 살갑게 표출하고 있다.

> 그 옛날 마포나루 황포돛배 둥실둥실
> 김장철 새우젓갈 바쁘게도 퍼 나르고
> 짭짤한 새우젓 냄새 맛깔스레 군침 돈다.
>
> 마포의 도로변에 젓갈 통이 즐비하고
> 풍기던 반세기 전 그 맛 오늘 그리운데
> 이제는 흘러간 추억 빌딩 숲에 가리었다.
>
> 동대문 전차타고 마포 종점 거닐던 날
> 새우젓 짙은 냄새 혀끝에서 맴돌 때면

허기진 주린 배 안고 뒷골목을 헤매었다.
　　　　　　　　　　　　　　　　「마포나루」 전문

　위에 인용한 시편 「마포나루」는 반세기 전 마포나루의 주위 모습과 당시 성시를 이루었던 새우젓갈 시장을 묘사한 실제적 생활이야기를 담고 있다. 당시에는 마포대교도 가설되어 있지 않았고 아파트 숲도 형성되지 않았다. 그때의 상황으로 보아 인천에서 서울로 오가는 교통수단의 일익은 뱃길이 주를 이루었다. 혜화동을 기점으로 마포 종점까지의 시내 교통수단도 전차가 담당하던 시기였다. 젊은 시절 뚜렷한 직업도 없던 부류의 화자는 전차의 마포 종점 뒷골목에 주린 배를 안고 배회했던 시절을 회상한다. 뒷골목 음식점에서 강렬하게 코끝을 자극하였던 새우젓갈 냄새의 아련한 추억을 끌어들인다. 지금은 그때에 모습을 보지 못하는 안타까움을 이 「마포나루」 시편으로 반세기 전의 향수를 달래고 있다.


　　　삼복더위 승복 깃이 땀 젖어 끈적이면
　　　대훈해 정성 모아 가슬가슬 빨래 손질
　　　눈시울 실룩이면서 감복(感服)하는 방장스님.

　　　방장스님 선미(禪味) 챙겨 공양에 정성 담고
　　　그래도 꿰뚫어 본 산채찬도 탕제처럼
　　　한여름 지친 승방에 들려오는 견성(見性)찬불.

　　　정 쏟아 올린 식혜 방장스님 혀끝 미각

더울 때 차게 담아 상차림을 대령하고
대훈해 질긴 연정이 가족 같은 불심봉양.
「사바의 짝사랑 - 인연」 전문

　「사바의 짝사랑」 연작 18수는 청각사의 사찰을 무대로 이 사찰의 주지인 방장스님과 다훈해 보살의 이루지 못하는 안타까운 애정사를 소설 형식을 빌려 시화한 작품들이다. 첫 인연은 삼복더위에도 불구하고 스님들의 승복을 빨래하는 모습을 보고 방장스님이 감복하면서 서로 간 무언의 사랑의 느낌을 갖게 된다. 다훈해 보살의 사찰 음식 솜씨하며 방장스님의 정성이 담긴 선미(禪味)의 견성 찬불에 감사한 마음이 사랑으로 점점 발전한다. 다훈해 보살 역시 방장스님에 대한 사찰 생활의 필요한 모든 배려에 짙게 밴 연심이 가족과 같은 배려로 나타난다. 그러나 수도자들도 인간인 지라 남녀의 감정은 어찌할 수 없다. 하지만 믿음으로 극복하며 속세를 떠난 사바세계에서 파계하지 않고서는 남녀 간 사랑이 이루어질 수 없는 수도자들의 불법(佛法)이다. 정신적으로 갖게 되는 인연으로 방장 스님과 대훈해 보살의 연사를 연상하는 이야기 내막이야 말로 우리에게 아름다운 슬픔을 남기게 한다.

사랑에 몣이 나면 백약이 불치던가
수 세월 쌓인 뜻을 바람으로 기둥 세워
기골(奇骨)에 방장스님도 시름시름 열반 드네.

간절히 쏟은 연정 거둘 날 언제일까
스님의 입적 앞에 태어 사룬 슬픔으로
대훈해 눈시울 적신 그날 밤의 어둠이네.

열반 든 방장스님 이승의 마지막 길
대훈해 땅을 치며 다비식에 흘린 눈물
청각사 뒤돌아보니 망부석만 홀로 섰네.
「사바의 짝사랑」 열반 - 전문

기골이 장대하고 아주 건강한 방장스님도 사랑에 빠지면 마귀와의 싸움에서 지친 고뇌로 정신과 육체가 점점 쇠약해질까. 수 세월 대훈해 보살을 연모하였으나 언감생심 이루어질 수 없는 사랑이다. 마음에 어롱의 기둥을 세워 영과 육을 가진 수도승으로써의 도리에 흐트러지지 않으려 무진 애를 태운다. 사바세계에서 사랑은 파계하지 않는 이상 이루어질 수 없고 움직일 수 없는 불법(佛法)의 불문율이다. 여기에서 방장스님이 노쇠한 고령의 노환으로 세상을 하직하였거나 마음의 병으로 인하여 열반하였는지 분명하지 않다. 여하튼 마음의 병이 깊게 빠져들어 시름시름 앓다가 '열반에 들고 만다. 시인은 이 대목에서 예민한 감수성과 상상력에 의하여 방장스님과 대훈해 보살 사이에 관련된 생각과 느낌을 유추하여 행간에 적절히 배합시켜 놓고 있다. 방장스님의 다비식에 대훈해 보살이 흘린 눈물은 연심이 짙게 묻은 비통의 눈물이다. 방장스님이 이승으로 떠나간 후 사바의 짝사랑을 묻어둔 채 청각사를 떠나는 다훈해 보살의 등 뒤에는 망부서만 홀로 서 있다.

## 4. 옛 기억의 사색과 현실 추구

유송은 속세에 억눌림의 그늘에서 벗어나기 위하여 자신이 살아온 일상을 담담하게 타협하는 마음이다. 가족과 친구 간 인간관계의 얼개로 엮어진 인연을 천심으로 받아들인다. 유년시절의 안개 같은 아련한 기억에 몸을 도사리고 오늘날 내가 이 세상에 있게 한 선조들과 부모의 은공을 잊지 않는다. 지친 몸을 추스르며 옛 기억의 숲속을 헤매며 여생을 마무리할 먼 머~언 길목에서 서성거리고 있다. 낯설듯 하면서 옛 친구들에게 마음의 한 자락을 내어주며 만남과 이별을 맞닥뜨리는 애정 어린 시선으로 바라보곤 한다. 저승에 있어야 할 사랑했던 내 임은 시인의 회상 속에서 보인 현실을 이승에 생존하는 형상으로 되살려 내고 있다. 시인은 인간의 삶에 대한 본질적 문제에 관심을 기울이고 있으며, 다가오는 시간과 현재의 시간이 가는 동안 생명의 실체를 고찰하면서 삶의 본질문제에 접근하는 점을 중요하게 생각한다. 한 개인의 생애는 짧으나 인간사회의 역사는 유구하며 그 역사의 흐름에 모습을 통하여 압축된 인생을 들여다본다. 시인의 존재가 지금쯤 어느 지점에 위치하고 있는지 짐작하기 어렵다. 그 지점의 인식은 소멸에 불안감을 자극하고 있다. 마음의 한 자락을 내어주는 인연의 시작과 끝을 통하여 시인이 주시하면서 추구하는 다음 시조세계를 조근조근 살펴본다.

애들아 우리 한번 반두깨미* 살아볼까
주주봉 십육회가 진정으로 화목한데
가는 벗 꽉 붙잡아서 더 놀다가 가세그려.

잔잔한 보문호에 반짝이는 달빛가루
숨소리 가빠지는 내 전부의 사랑마을
언제나 변치말자고 맹세하는 동조회여!
「벗님네들」 부분

위에 인용한 「벗님네들」은 시인이 유년시절 소꿉질 놀이하던 친구들과 주주봉 밑에서 성장해온 친구들로 구성한 동조회와 십육회 등 두 친목회에 모임을 회상하며 추억의 꿈에 젖어든다. 지금은 각자의 생업에 따라 전국 각지로 뿔뿔이 흩어져 살고 있지만 모두들 연로하여 이제는 여생을 마감할 그 세월의 축적도 되짚는다. 고령으로 한둘씩 세상을 떠나가려는 벗들을 붙잡고 변치말자며 맹세하던 그 순간들을 다시 기억해 보기를 권유하고 다짐을 한다. 모르긴 해도 동조회는 순수 안태 고향의 불알친구들로 구성된 친목회 같고, 십육회는 동창생들의 모임인 듯싶다. 이들 벗님네들은 "잔잔한 보문호에 반짝이는 달빛가루"로 묘사함으로써 잔잔한 동심세계의 우정을 감성적으로 천착하여 노래하고 있다.

익재공* 할아버지 삼천여 년 제일 충신
유청신 오잠역적 동정행성 원조앙청

익재공

국기국인기인(國基國人其人)

원의 편입 막아냈다.


익재공 할아버지 우리나라 구국충신

오늘날 다시 오셔 이 나라를 구한다면

머잖아

대한민국은

국위선양 발전한다.

「익재공 할아버지·1」 전문


익재공은 고려후기 시인 문필가이며 본명은 이제현(1287~1367)으로 호는 익재이고 시호는 문충이다. 탁월한 유학자로 성리학 발전에 중요한 역할을 하였으며 그림에도 능통하였다. 1301년 15세에 장원 급제하여 고려 충렬왕과 공민왕에 걸쳐 재상을 지냈다. 경주이씨의 익재공파 파주이기도 하다. 익재 난고의 소악부에 고려 민간가요를 칠언절구로 번역한 17수가 수록되어 오늘날 고려가요에 귀중한 자료를 제공하고 있다. 이제현은 재상 재임 중 유청신 오잠 등 역적들이 원나라 조정과 손을 잡고 고려를 원나라에 편입시키려 획책하자 이러한 사실을 미리 알고 탁월한 외교적 수완으로 이를 막아낸 충신이다. 위에 인용한 익재공 할아버지·1」의 시편은 경주이씨 익재공파 24세손인 시인이 익재공에 추모하는 내용을 담으면서 나라가 어지러운 오늘날 익재공 같은 위인이 있었다면 국위선양은 물론 국가발전에 크게 기여할 것이라는 절실한 염원을 담고 있다.

> 비 오는 축축한 날 온 천하가 눅눅한데
> 약관의 꿈을 안고 청운으로 달려오다
> 뒤늦게 둘러보아도 임이 간 곳 먼 머언 길.
>
> 그대와 달콤하게 꿈동산을 가꾸려고
> 한손에 짝지 짚고 어깨 위에 날개 펴셔
> 구만리 흰 구름 따라 함께 가는 먼 머~언 길.
>
> 인생은 부교 없는 넓은 강을 건너가며
> 환상의 꽃길 같은 잴 수 없는 깊이 속에
> 순명에 멀고먼 길로 님과 함께 걸었던 삶.
> 　　　　　　　　　　　　　　「먼 머~언 길」전문

시인의 작품 「먼 머~언 길」은 이승과 저승 사이의 길이다. 이 길을 걸어간 경험이 있는 사람은 아무도 없다. 다만 상상의 길이며 모든 생물체에 있어서 처음이자 마지막 길인 것이다. 여기에서 시인은 약관의 꿈을 안고 한평생을 열심히 살아오다가 늘그막 뒤돌아 둘러보니 님은 이미 '먼 머~언 길'로 떠나갔다. 생전에 두 손을 깍지 끼고 행복한 날개를 펴며 끝까지 함께하고 싶었으나 뜻대로 되지 않아 임은 이미 부교 없는 요단강을 건너버렸다. 그러나 화자의 기억 속에는 아직 주어진 인생길을 생각하며 임과 함께 걸었던 삶을 떠올린다. 화자가 임을 떠나보낸 후 노후의 행복은 준비

된 사람의 몫이고 의도적으로 노력한 결과이며, 행복과 불행은 자신이 스스로 선택한 주어진 길임을 넌지시 암시하고 있다.

> 나날이 무거운 몸 지탱하며 열 달 고통
> 출혈에 찢어지는 사경에서 얻은 자식
> 손닿는
> 옥구슬처럼
> 볼 때마다 짙은 사랑.
>
> 젖 물려 새근새근 잠든 모습 기특하고
> 신기해 쏟은 정성 뚫어지듯 시선 멈춘
> 등허리
> 업은 아기는
> 보배 같은 엄마 분신.
>
> 「위대한 어머니」 전문

　어머니는 역시 우리에게 불가사의한 영원불변의 고향으로 자리한다. 출혈의 사경에서 헤매다가 얻었다는 자식에게 어머니는 언제나 얼어붙었던 마음을 데워주는 따뜻한 온풍기 같은 존재이다. 잉태하여 열 달간 배불러 아픈 진통을 감내한 모정을 숭고하게 승화시킨다. 어머니를 그리면 가슴에 마르지 않는 샘을 품었다는 상상만으로 용기백배한다. 어머니의 사랑이 일방통행의 내리사랑이라지만 그 사랑에 일만 분의 일이라도 생각하는 뜻으로 시인은 옷깃 여민 합장한다. 젖을 물리고 새근새근 잠든 모습의 기특함은 보배 같은 어머니의 분신일 것이라는 점을 섬세하게 시각화하고 있다.

## 5. 맺는 말

　유송의 이번 시조집 「먼 머~언 길」은 모두 6부로 구성된 총 108편의 주옥같은 작품을 수록하고 있다. 좋은 작품을 일일이 짚어서 평자의 견해를 밝혀야 하지만 나머지 작품에 대한 평은 다음 평자와 독자들의 몫으로 돌린다. 이 시조집에 상재한 작품의 주제는 물론 작품 내용이 주는 이미지에서 우리는 많은 것을 얻으며 즐거움을 담보하고 있다. 참신한 시적 감각으로 착시하여 새로운 세계를 열고 있음이 장점이다. 새로워지려는 시상은 미래 지향적 인생관을 보여주고 따스한 서정을 차분하게 언어로 엮어 시화함이 눈에 띠일 것이다. 섬세한 솜씨와 함께 시상을 이끌어가는 기량도 늘어나며 시조시인으로 향후 발전을 확약할 수 있다. 중층의 시적 비유가 다채로워야 남다른 발상과 색깔을 감지하게 한다. 신선한 충격과 울림을 주는 것은 시조집에 적시한 내용들이 충실할 때 가능하다. 창작은 항상 새로운 발견이며 기존의 생각과 개념의 틀에서 벗어나 삶을 즐기는 달관의 자세여야 한다. 사물에 대하여 주시하는 방법을 터득하려면 일상적인 우연한 것을 더 깊이 새로운 의미로 탐구해야 한다. 그리고 평범함 속에서 비범함을 발견하여 기술하는 장점의 혜안이 요구된다. 시적 저항정신과 긴장감이 더해지는 격과 품을 갖춘다면 어쭙잖은 원고 뭉치에서 탈피하게 될 것이다. 끝으로 유송에게 조언하고 싶은 것이 있다면 남은 여생을 즐기는 일이다. 인간에게 있어 정이란 오감으로 느끼는 마음일 것이다. 부모를 그리워하는 마음도 정이고 이성간에 정이 깊어지면 사랑의 꽃을 피운다. 누구나 자신도 모르게 한 번쯤 살아온 날을 뒤돌아보게 된다. 미련인 듯 아쉬움인 듯 가슴속에 남아있는 옛 기억 한 토막을 매만지기도 한다. 시조시인 이태희의 작품 세계에서 애련한 감성의 심미적 인고 정신에 완숙미를 느껴보았다. 인생에 고독한 여생의 조용한 삶에 욕구와 이를 충족하려는 몸부림도 덤으로 엿보았다. 이 새로운 시집이 독자들의 가슴에 등불이 되기를 기대해 보는 마음이다.

## 이태희 연보

흔맥문학가협회 감사
흔맥문학가협회 부회장
국제펜 한국본부 이사
흔맥문학가협회 자문위원
국제펜 한국본부 자문위원
한맥문학동인회 자문위원
한국작가협회 중앙위원
표암문학회 3,4,5,6대회장 역임,

### 저서
유송 이태희 제1수필집 : 세월 가는 소리
유송 이태희 제2수필집 : 바람 따라 물 따라
유송 이태희 제3수필집 : 이 땅에 살면서
유송 이태희 제4수필집 : 꽃피는 봄이 오면
유송 이태희 제5수필집 : 잃어버린 시간들
유송 이태희 제1시조집 : 석양의 햇살을 받으며
유송 이태희 제2시조집 : 먼 머~언 길
유송 이태희 제6수필집 : 떠가는 흰 구름

### 수상
흔맥문학 수필부문 신인상
흔맥문학가협회 제13회 협회상
21세기 한국문학인협회 제16회 고산문학상
제20회 허균문학상 수필부문 본상
흔맥문학 시조 신인상
세계 환경 문학협회 제9회 수필 문학대상
성균관대학교 행문회-시조집 발행 축하상

# 먼 머~언 길

1판 1쇄 발행  2020년 10월 30일

지은이 | 이 태 희
펴낸곳 | 열린출판
등록 | 제 307-2019-14호
주소 | 서울특별시 성북구 솔샘로25길 28, 114동 903호
전화 | 02-6953-0442
팩스 | 02-6455-5795
전자우편 | open2019@daum.net
디자인 | SEED디자인
인쇄 | 삼양프로세스

ⓒ 이태희, 2020
ISBN 979-11-91201-01-7  03810

\*책값은 뒤표지에 표시되어 있습니다.
\*저자와 협의하여 인지를 생략합니다.

이 도서의 국립중앙도서관 출판예정도서목록(CIP)은
서지정보유통지원시스템 홈페이지(http://seoji.nl.go.kr)와
국가자료종합목록시스템(http://www.nl.go.kr/kolisnet)에서
이용하실 수 있습니다. (CIP제어번호 : 2020044847)